NH농협중앙회/은행

신규직원 채용대비

기출동형 모의고사

제 2 회	영 역	직무능력평가+직무상식평가
	문항수	80문항
	시 간	95분
	비 고	객관식 5지선다형

SEOWONGAK
(주)서원각

01 직무능력평가

1. 다음 밑줄 친 부분과 가장 가까운 의미로 쓰인 것은?

> 저 멀리 연기를 뿜으며 앞서가는 기차의 <u>머리</u>가 보였다.

① 그는 우리 모임의 <u>머리</u> 노릇을 하고 있다.

② <u>머리</u>도 끝도 없이 일이 뒤죽박죽이 되었다.

③ 그는 테이블 <u>머리</u>에 놓인 책 한 권을 집어 들었다.

④ 주머니에 비죽이 술병이 <u>머리</u>를 내밀고 있었다.

⑤ 그녀는 <u>머리</u>를 숙여 공손하게 선생님께 인사를 했다.

▌2~3▐ 다음은 해시 함수에 대한 설명이다. 물음에 답하시오.

온라인을 통한 통신, 금융, 상거래 등은 우리에게 편리함을 주지만 보안상의 문제도 안고 있는데, 이런 문제를 해결하기 위하여 암호 기술이 동원된다. 예를 들어 전자 화폐의 일종인 비트코인은 해시 함수를 이용하여 화폐 거래의 안전성을 유지한다. 해시 함수란 입력 데이터 x에 대응하는 하나의 결과 값을 일정한 길이의 문자열로 표시하는 수학적 함수이다. 그리고 입력 데이터 x에 대하여 해시 함수 H를 적용한 수식을 H(x) = k라 할 때, k를 해시 값이라 한다. 이때 해시 값은 입력 데이터의 내용에 미세한 변화만 있어도 크게 달라진다. 현재 여러 해시 함수가 이용되고 있는데, 해시 값을 표시하는 문자열의 길이는 각 해시 함수마다 다를 수 있지만 특정 해시 함수에서의 그 길이는 고정되어 있다.

입력 데이터 | 해시 값
우리의 소원은 통일 → 해시 함수 H → FDCE3491A2D
우리의 소망은 통일 → 해시 함수 H → 932E2ACEC1B

[해시 함수의 입·출력 동작의 예]

이러한 특성을 갖고 있기 때문에 해시 함수는 데이터의 내용이 변경되었는지 여부를 확인하는 데 이용된다. 가령, 상호 간에 동일한 해시 함수를 사용한다고 할 때, 전자 문서와 그 문서의 해시 값을 함께 전송하면 상대방은 수신한 전자 문서에 동일한 해시 함수를 적용하여 결과 값을 얻은 뒤 전송받은 해시 값과 비교함으로써 문서가 변경되었는지 확인할 수 있다.

그런데 해시 함수가 ㉠일방향성과 ㉡충돌회피성을 만족시키면 암호 기술로도 활용된다. 일방향성이란 주어진 해시 값에 대응하는 입력 데이터의 복원이 불가능하다는 것을 말한다. 특정 해시 값 k가 주어졌을 때 H(x) = k를 만족시키는 x를 계산하는 것이 매우 어렵다는 것이다. 그리고 충돌회피성이란 특정 해시 값을 갖는 서로 다른 데이터를 찾아내는 것이 현실적으로 불가능하다는 것을 의미한다. 서로 다른 데이터 x, y에 대해서 H(x)와 H(y)가 각각 도출한 값이 동일하면 이것을 충돌이라 하고, 이때의 x와 y를 충돌쌍이라 한다. 충돌회피성은 이러한 충돌쌍을 찾는 것이 현재 사용할 수 있는 모든 컴퓨터의 계산 능력을 동원하더라도 그것을 완료하기가 사실상 불가능하다는 것이다.

해시 함수는 온라인 경매에도 이용될 수 있다. 예를 들어 ○○ 온라인 경매 사이트에서 일방향성과 충돌회피성을 만족시키는 해시 함수 G가 모든 경매 참여자와 운영자에게 공개되어 있다고 하자. 이때 각 입찰 참여자는 자신의 입찰가를 감추기 위해 논스*의 해시 값과, 입찰가에 논스를 더한 것의 해시 값을 함께 게시판에 게시한다. 해시 값 게시 기한이 지난 후 각 참여자는 본인의 입찰가와 논스를 운영자에게 전송하고 운영자는 최고 입찰가를 제출한 사람을 낙찰자로 선정한다. 이로써 온라인 경매 진행 시 발생할 수 있는 다양한 보안상의 문제를 해결할 수 있다.

* 논스 : 입찰가를 추측할 수 없게 하기 위해 입찰가에 더해지는 임의의 숫자

2. 위 내용의 '해시 함수'에 대한 이해로 적절하지 않은 것은?

① 전자 화폐를 사용한 거래의 안전성을 위해 해시 함수가 이용될 수 있다.

② 특정한 해시 함수는 하나의 입력 데이터로부터 두 개의 서로 다른 해시 값을 도출하지 않는다.

③ 입력 데이터 x를 서로 다른 해시 함수 H와 G에 적용한 H(x)와 G(x)가 도출한 해시 값은 언제나 동일하다.

④ 입력 데이터 x, y에 대해 특정한 해시 함수 H를 적용한 H(x)와 H(y)가 도출한 해시 값의 문자열의 길이는 언제나 동일하다.

⑤ 발신자가 자신과 특정 해시 함수를 공유하는 수신자에게 어떤 전자 문서와 그 문서의 해시 값을 전송하면 수신자는 그 문서의 변경 여부를 확인할 수 있다.

3. 윗글의 ㉠과 ㉡에 대하여 추론한 내용으로 가장 적절한 것은?

① ㉠을 지닌 특정 해시 함수를 전자 문서 x, y에 각각 적용하여 도출한 해시 값으로부터 x, y를 복원할 수 없다.

② 입력 데이터 x, y에 특정 해시 함수를 적용하여 도출한 문자열의 길이가 같은 것은 해시 함수의 ㉠ 때문이다.

③ ㉡을 지닌 특정 해시 함수를 전자 문서 x, y에 각각 적용하여 도출한 해시 값의 문자열의 길이는 서로 다르다.

④ 입력 데이터 x, y에 특정 해시 함수를 적용하여 도출한 해시 값이 같은 것은 해시 함수의 ㉡ 때문이다.

⑤ 입력 데이터 x, y에 대해 ㉠과 ㉡을 지닌 서로 다른 해시 함수를 적용하였을 때 도출한 결과 값이 같으면 이를 충돌이라고 한다.

4. 다음 단락을 논리적 흐름에 맞게 바르게 배열한 것은?

> (가) 자본주의 사회에서 상대적으로 부유한 집단, 지역, 국가는 환경적 피해를 약자에게 전가하거나 기술적으로 회피할 수 있는 가능성을 가진다.
>
> (나) 오늘날 환경문제는 특정 개별 지역이나 국가의 문제에서 나아가 전 지구적 문제로 확대되었지만, 이로 인한 피해는 사회·공간적으로 취약한 특정 계층이나 지역에 집중적으로 나타나는 환경적 불평등을 야기하고 있다.
>
> (다) 인간사회와 자연환경 간의 긴장관계 속에서 발생하고 있는 오늘날 환경위기의 해결 가능성은 논리적으로 뿐만 아니라 역사적으로 과학기술과 생산조직의 발전을 규정하는 사회적 생산관계의 전환을 통해서만 실현될 수 있다.
>
> (라) 부유한 국가나 지역은 마치 환경문제를 스스로 해결한 것처럼 보이기도 하며, 나아가 자본주의 경제체제 자체가 환경문제를 해결(또는 최소한 지연)할 수 있는 능력을 갖춘 것처럼 홍보되기도 한다.

① (가) - (나) - (다) - (라)

② (가) - (나) - (라) - (다)

③ (나) - (가) - (라) - (다)

④ (나) - (라) - (가) - (다)

⑤ (나) - (가) - (다) - (라)

5. 다음 내용에서 주장하고 있는 것은?

> 기본적으로 한국 사회는 본격적인 자본주의 시대로 접어들었고 그것은 소비사회, 그리고 사회 구성원들의 자기표현이 거대한 복제기술에 의존하는 대중문화 시대를 열었다. 현대인의 삶에서 대중매체의 중요성은 더욱 더 높아지고 있으며 따라서 이제 더 이상 대중문화를 무시하고 엘리트 문화지향성을 가진 교육을 하기는 힘든 시기에 접어들었다. 세계적인 음악가로 추대받고 있는 비틀즈도 영국 고등학교가 길러낸 음악가이다.

① 대중문화에 대한 검열이 필요하다.

② 한국에서 세계적인 음악가의 탄생을 위해 고등학교에서 음악 수업의 강화가 필요하다.

③ 한국 사회에서 대중문화를 인정하는 것은 중요하다.

④ 교양 있는 현대인의 배출을 위해 고전음악에 대한 교육이 필요하다.

⑤ 대중문화를 이끌어 갈 젊은 세대 육성에 힘을 쏟아야 한다.

6. 다음 두 글에서 공통적으로 말하고자 하는 것은 무엇인가?

> (가) 많은 사람들이 기대했던 우주왕복선 챌린저는 발사 후 1분 13초만에 폭발하고 말았다. 사건조사단에 의하면, 사고원인은 챌린저 주엔진에 있던 O - 링에 있었다. O - 링은 디오콜사가 NASA로부터 계약을 따내기 위해 저렴한 가격으로 생산될 수 있도록 설계되었다. 하지만 첫 번째 시험에 들어가면서부터 설계상의 문제가 드러나기 시작하였다. NASA의 엔지니어들은 그 문제점들을 꾸준히 제기했으나, 비행시험에 실패할 정도의 고장이 아니라는 것이 디오콜사의 입장이었다. 하지만 O - 링을 설계했던 과학자도 문제점을 인식하고 문제가 해결될 때까지 챌린저 발사를 연기하도록 회사 매니저들에게 주지시키려 했지만 거부되었다. 한 마디로 그들의 노력이 미흡했기 때문이다.
>
> (나) 과학의 연구 결과는 사회에서 여러 가지로 활용될 수 있지만, 그 과정에서 과학자의 의견이 반영되는 일은 드물다. 과학자들은 자신이 책임질 수 없는 결과를 이 세상에 내놓는 것과 같다. 과학자는 자신이 개발한 물질을 활용하는 과정에서 나타날 수 있는 위험성을 충분히 알리고 그런 물질의 사용에 대해 사회적 합의를 도출하는 데 적극 협조해야 한다.

① 과학적 결과의 장단점

② 과학자와 기업의 관계

③ 과학자의 윤리적 책무

④ 과학자의 학문적 한계

⑤ 과학자의 사회적 영향

사람들은 은퇴 이후 소득이 급격하게 줄어드는 위험에 처할 수 있다. 이러한 위험이 발생할 경우 일정 수준의 생활(소득)을 보장해 주기 위한 제도가 공적연금제도이다. 우리나라의 공적연금제도에는 대표적으로 국민의 노후 생계를 보장해 주는 국민연금이 있다. 공적연금제도는 강제가입을 원칙으로 한다. 연금은 가입자가 비용은 현재 지불하지만 그 편익은 나중에 얻게 된다. 그러나 사람들은 현재의 욕구를 더 긴박하고 절실하게 느끼기 때문에 불확실한 미래의 편익을 위해서 당장은 비용을 지불하지 않으려는 경향이 있다. 또한 국가는 사회보장제도를 통하여 젊은 시절에 노후를 대비하지 않은 사람들에게도 최저생계를 보장해준다. 이 경우 젊었을 때 연금에 가입하여 성실하게 납부한 사람들이 방만하게 생활한 사람들의 노후생계를 위해 세금을 추가로 부담해야 하는 문제가 생긴다. 그러므로 국가가 나서서 강제로 연금에 가입하도록 하는 것이다.

공적연금제도의 재원을 충당하는 방식은 연금 관리자의 입장과 연금 가입자의 입장에서 각기 다르게 나누어 볼 수 있다. 연금 관리자의 입장에서는 '적립방식'과 '부과방식'의 두 가지가 있다. '적립방식'은 가입자가 낸 보험료를 적립해 기금을 만들고 이 기금에서 나오는 수익으로 가입자가 납부한 금액에 비례하여 연금을 지급하지만, 연금액은 확정되지 않는다. '적립방식'은 인구 구조가 변하더라도 국가는 재정을 투입할 필요가 없고, 받을 연금과 내는 보험료의 비율이 누구나 일정하므로 보험료 부담이 공평하다. 하지만 일정한 기금이 형성되기 전까지는 연금을 지급할 재원이 부족하므로, 제도 도입 초기에는 연금 지급이 어렵다. '부과방식'은 현재 일하고 있는 사람들에게서 거둔 보험료로 은퇴자에게 사전에 정해진 금액만큼 연금을 지급하는 것이다. 이는 '적립방식'과 달리 세대 간 소득 재분배 효과가 있으며, 제도 도입과 동시에 연금 지급을 개시할 수 있다는 장점이 있다. 다만 인구 변동에 따른 불확실성이 있다. 노인 인구가 늘어나 역삼각형의 인구구조가 만들어질 때는 젊은 세대의 부담이 증가되어 연금 제도를 유지하기가 어려워질 수 있다.

연금 가입자의 입장에서는 납부하는 금액과 지급 받을 연금액의 관계에 따라 확정기여방식과 확정급여방식으로 나눌 수 있다. 확정기여방식은 가입자가 일정한 액수나 비율로 보험료를 낼 것만 정하고 나중에 받을 연금의 액수는 정하지 않는 방식이다. 이는 연금 관리자의 입장에서 보면 '적립방식'으로 연금 재정을 운용하는 것이다. 그래서 이 방식은 이자율이 낮아지거나 연금 관리자가 효율적으로 기금을 관리하지 못하는 경우에 개인이 손실 위험을 떠안게 된다. 또한 물가가 인상되는 경우 확정기여에 따른 적립금의 화폐가치가 감소되는 위험도 가입자가 감수해야 한다. 확정급여방식은 가입자가 얼마의 연금을 받을 지를 미리 정해 놓고, 그에 따라 개인이 납부할 보험료를 정하는 방식이다. 이는 연금 관리자의 입장에서는 '부과방식'으로 연금 재정을 운용하는 것이다. 나중에 받을 연금을 미리정하면 기금 운용 과정에서 발생하는 투자의 실패는 연금 관리자가 부담하게 된다. 그러나 이 경우에도 물가상승에 따른 손해는 가입자가 부담해야 하는 단점이 있다.

7. 공적연금의 재원 충당 방식 중 '적립방식'과 '부과방식'을 비교한 내용으로 적절하지 않은 것은?

	항목	적립방식	부과방식
①	연금 지급 재원	가입자가 적립한 기금	현재 일하는 세대의 보험료
②	연금 지급 가능 시기	일정한 기금이 형성된 이후	제도 시작 즉시
③	세대 간 부담의 공평성	세대 간 공평성 미흡	세대 간 공평성 확보
④	소득 재분배 효과	소득 재분배 어려움	소득 재분배 가능
⑤	인구 변동 영향	받지 않음	받음

8. 위 내용을 바탕으로 다음 상황에 대해 분석할 때 적절하지 않은 결론을 도출한 사람은?

○○회사는 이번에 공적연금 방식을 준용하여 퇴직연금 제도를 새로 도입하기로 하였다. 이에 회사는 직원들이 퇴직연금 방식을 확정기여방식과 확정급여방식 중에서 선택할 수 있도록 하였다.

① 확정기여방식은 부담금이 공평하게 나눠지는 측면에서 장점이 있어.
② 확정기여방식은 기금을 운용할 회사의 능력에 따라 나중에 받을 연금액이 달라질 수 있어.
③ 확정기여방식은 기금의 이자 수익률이 물가상승률보다 높으면 연금액의 실질적 가치가 상승할 수 있어.
④ 확정급여방식은 물가가 많이 상승하면 연금액의 실질적 가치가 하락할 수 있어.
⑤ 확정급여방식은 투자 수익이 부실할 경우 가입자가 보험료를 추가로 납부해야 하는 문제가 있어.

선물 거래는 경기 상황의 변화에 의해 자산의 가격이 변동하는 데서 올 수 있는 경제적 손실을 피하려는 사람과 그 위험을 대신 떠맡으면서 그것이 기회가 될 수 있는 상황을 기대하며 경제적 이득을 얻으려는 사람 사이에서 이루어지는 것이다.

[A]
배추를 경작하는 농민이 주변 여건에 따라 가격이 크게 변동하는 데서 오는 위험에 대비해 3개월 후 수확하는 배추를 채소 중개상에게 1포기당 8백 원에 팔기로 미리 계약을 맺었다고 할 때, 이와 같은 계약을 선물 계약, 8백 원을 선물 가격이라고 한다. 배추를 경작하는 농민은 선물 계약을 맺음으로써 3개월 후의 배추 가격이 선물 가격 이하로 떨어지더라도 안정된 소득을 확보할 수 있게 된다. 그렇다면 채소 중개상은 왜 이와 같은 계약을 한 것일까? 만약 배추 가격이 선물 가격 이상으로 크게 뛰어오르면 그는 이 계약을 통해 많은 이익을 챙길 수 있기 때문이다. 즉 배추를 경작한 농민과는 달리 3개월 후의 배추 가격이 뛰어오를지도 모른다는 기대에서 농민이 우려하는 위험을 대신 떠맡는 데 동의한 것이다.

선물 거래의 대상에는 농산물이나 광물 외에 주식, 채권, 금리, 외환 등도 있다. 이 중 거래 규모가 비교적 크고 그 방식이 좀 더 복잡한 외환 즉, 통화 선물 거래의 경우를 살펴보자. 세계 기축 통화인 미국 달러의 가격, 즉 달러 환율은 매일 변동하기 때문에 달러로 거래 대금을 주고받는 수출입 기업의 경우 뜻하지 않은 손실의 위험이 있다. 따라서 달러 선물 시장에서 약정된 가격에 달러를 사거나 팔기로 계약해 환율 변동에 의한 위험에 대비하는 방법을 활용한다.

미국에서 밀가루를 수입해 식품을 만드는 A 사는 7월 25일에 20만 달러의 수입 계약을 체결하고 2개월 후인 9월 25일에 대금을 지급하기로 하였다. 7월 25일 현재 원/달러 환율은 1,300원/US$이고 9월에 거래되는 9월물 달러 선물의 가격은 1,305원/US$이다. A 사는 2개월 후에 달러 환율이 올라 손실을 볼 경우를 대비해 선물 거래소에서 9월물 선물 20만 달러어치를 사기로 계약하였다. 그리고 9월 25일이 되자 A 사가 우려한 대로 원/달러 환율은 1,350원/US$, 9월물 달러 선물의 가격은 1,355원/US$으로 올랐다. A 사는 아래의 〈표〉와 같이 당장 미국의 밀가루 제조 회사에 지급해야 할 20만 달러를 준비하는 데 2개월 전에 비해 1천만 원이 더 들어가는 손실을 보았다. 하지만 선물 시장에서 달러당 1,305원에 사서 1,355원에 팔 수 있으므로 선물 거래를 통해 1천만 원의 이익을 얻어 현물 거래에서의 손실을 보전할 수 있게 된다.

외환 거래	환율 변동에 의한 손익 산출	손익
현물	−50원(1,300원−1,350원) × 20만 달러	−1,000만 원
선물	50원(1,355원−1,305원) × 20만 달러	1,000만 원

〈표〉 A 사의 외환 거래로 인한 손익

반대로 미국에 상품을 수출하고 그 대금을 달러로 받는 기업의 경우 받은 달러의 가격이 떨어지면 손해이므로, 특정한 시점에 달러 선물을 팔기로 계약하여 선물의 가격 변동을 이용함으로써 손실에 대비하게 된다.

㉠선물이 자산 가격의 변동으로 인한 손실에 대비하기 위해 약정한 시점에 약정한 가격으로 사거나 팔기로 한 것이라면, 그 약정한 시점에 사거나 파는 것을 선택할 수 있는 권리를 부여하는 계약이 있는데 이를 ㉡옵션(option)이라고 한다. 계약을 통해 옵션을 산 사람은 약정한 시점, 즉 만기일에 상품을 사거나 파는 것이 유리하면 그 권리를 행사하고, 그렇지 않으면 그 권리를 포기할 수 있다. 그런데 포기하면 옵션 계약을 할 때 지불했던 옵션 프리미엄이라는 일종의 계약금도 포기해야 하므로 그 금액만큼의 손실은 발생한다. 만기일에 약정한 가격으로 상품을 살 수 있는 권리를 콜옵션, 상품을 팔 수 있는 권리를 풋옵션이라고 한다. 콜옵션을 산 사람은 상품의 가격이 애초에 옵션에서 약정한 것보다 상승하게 되면, 그 권리 행사를 통해 가격 변동 폭만큼 이익을 보게 되고 이 콜옵션을 판 사람은 그만큼의 손실을 보게 된다. 마찬가지로 풋옵션을 산 사람은 상품의 가격이 애초에 옵션에서 약정한 것보다 하락하게 되면, 그 권리 행사를 통해 가격 변동 폭만큼 이익을 보게 되고 이 풋옵션을 판 사람은 그만큼의 손실을 보게 된다.

선물이나 옵션은 상품의 가격 변동에서 오는 손실을 줄여 시장의 안정성을 높이고자 하는 취지에서 만들어진 것이다. 하지만 이것이 시장 내에서 손실 그 자체를 줄이는 것은 아니고 새로운 부가가치를 창출하는 것도 아니다. 또한 위험을 무릅쓰고 높은 수익을 노리고자 하는 투기를 조장한다는 점에서 오히려 시장의 안정성을 저해한다는 비판도 제기되고 있다.

9. [A]의 거래 방식을 바르게 평가한 사람은?

① 甲 : 안정된 소득을 거래 당사자 모두에게 보장해 주기 위한 것이군.

② 乙 : 상품의 수요와 공급이 불균형한 상태를 극복하기 위한 경제 활동인 것이군.

③ 丙 : 가격 변동에 따른 위험 부담을 거래 당사자의 어느 한쪽에 전가하는 것이군.

④ 丁 : 서로의 이익을 극대화하기 위해 거래 당사자 간에 손실을 나누어 가지는 것이군.

⑤ 戊 : 소득이 균형 있게 분배되도록 거래 당사자의 소득에 따라 가격을 달리하는 것이군.

10. ㉠, ㉡에 대한 설명으로 적절하지 않은 것은?

① ㉠은 ㉡과 달리 가격 변동의 폭에 따라 손익의 규모가 달라진다.

② ㉡은 ㉠과 달리 약정한 상품에 대한 매매의 실행 여부를 선택할 수 있다.

③ ㉡은 ㉠의 거래로 인해 발생하는 손실에 대비하기 위해 활용될 수 있다.

④ ㉠, ㉡은 모두 계약 시점과 약정한 상품을 매매할 수 있는 시점이 서로 다르다.

⑤ ㉠, ㉡은 모두 위험 요소로 인한 시장 내의 경제적 손실 자체를 제거하지는 못한다.

11. 다음에 나열된 숫자의 규칙을 찾아 빈칸에 들어가기 적절한 숫자를 고르면?

93	96	102	104	108	( )

① 114

② 116

③ 118

④ 120

⑤ 122

12. 대학생 1,500명을 대상으로 한 취업 희망기업 설문조사 결과가 다음과 같았다. 남성과 여성이 가장 큰 차이를 보이는 취업 형태는 어느 것인가?

(단위 : %)

구분	대기업	공공기관	외국계기업	일반중소기업	전문중소기업	창업
	35.8	40.9	6.5	8.0	4.9	3.9
남성	37.3	40.0	4.1	10.0	5.1	3.5
여성	32.6	43.0	11.8	3.4	4.5	4.8

① 대기업

② 전문중소기업

③ 일반중소기업

④ 외국계기업

⑤ 창업

13. 다음은 2015년 세계 100대 은행에 포함된 국내 5개 은행의 평균 성과지표를 비교한 표이다. 국내 5개 은행 평균 자산은 세계 10대 은행 평균 자산의 약 몇 %에 해당하는가? (단, 소수점 둘째자리에서 반올림한다)

	자산 (억 달러)	세전이익 (억 달러)	ROA (%)	BIS비율 (%)	자산 대비 대출 비중(%)
세계 10대 은행 평균	23,329	303	1.3	14.6	47.9
국내 5개 은행 평균	2,838	8.1	0.2	13.6	58.9

① 약 12.2%

② 약 12.4%

③ 약 12.6%

④ 약 12.8%

⑤ 약 13.0%

14. 다음은 교육복지지원 정책사업 내 단위사업 세출 결산 현황을 나타낸 표이다. 2012년 대비 2013년의 급식비 지원 증감률로 옳은 것은? (단, 소수 둘째자리에서 반올림한다)

(단위 : 백만 원)

단위사업명	2013 결산액	2012 결산액	2011 결산액
총계	5,016,557	3,228,077	2,321,263
학비 지원	455,516	877,020	1,070,530
방과후교육 지원	636,291	–	–
급식비 지원	647,314	665,984	592,300
정보화 지원	61,814	64,504	62,318
농어촌학교 교육여건 개선	110,753	71,211	77,334
교육복지우선 지원	157,598	188,214	199,019
누리과정 지원	2,639,752	989,116	–
교과서 지원	307,519	288,405	260,218
학력격차해소	–	83,622	59,544

① −2.9%

② −1.4%

③ 2.9%

④ 10.5%

⑤ 1.4%

15. 다음은 수입체리를 구매한 어느 지역의 272명을 대상으로 설문 조사 결과를 나타낸 표이다. 표에 대한 설명으로 옳지 않은 것은?

〈표 1〉 월 평균 소득과 향후 구매 계획

(단위 : 명, %)

향후 구매 계획	월 평균 소득			합계
	200만 원 미만	200만 원 ~500만 원	500만 원 이상	
줄이겠다.	9(37.5)	51(36.2)	20(18.7)	80(29.4)
유지하겠다.	6(25.0)	41(29.1)	33(30.8)	80(29.4)
늘리겠다.	9(37.5)	49(34.8)	54(50.5)	112(41.2)
합계	24(100.0)	141(100.0)	107(100.0)	272(100.0)

〈표 2〉 수입 체리 구매이유와 향후 구매 계획

(단위 : 명, %)

향후 구매 계획	수입 체리 구매이유			합계
	다른 과일보다 맛이 좋을 것 같아서	건강이나 다이어트 에 좋을 것 같아서	기타	
줄이겠다.	12(14.0)	20(30.8)	48(39.7)	80(29.4)
유지하겠다.	18(20.9)	19(29.2)	43(35.5)	80(29.4)
늘리겠다.	56(65.1)	26(40.0)	30(24.8)	112(41.2)
합계	86(100.0)	65(100.0)	121(100.0)	272(100.0)

① 월 평균 소득이 고소득층(500만 원 이상)일수록 향후 수입 체리의 구매를 '늘리겠다.'는 응답이 많은 것으로 나타났다.

② 월 평균 소득이 500만 원 미만인 응답자들의 경우 향후 구매를 '줄이겠다.'는 응답과 '늘리겠다.'는 응답의 비율이 비슷한 것으로 나타났다.

③ 수입 체리 구매이유로 '맛이 좋아서'를 선택한 응답자들의 경우 다른 이유를 선택한 응답자들보다 향후 구매를 '늘리겠다.'는 비율이 더 높은 것으로 나타났다.

④ 수입 체리 구매이유로 '기타'를 선택한 응답자들은 향후 구매 계획에 대해 '줄이겠다.'라고 응답한 비율이 '유지하겠다.'와 '늘리겠다.'는 비율보다 높은 것으로 나타났다.

⑤ 전체적으로 두 표 모두 향후 수입 체리의 구매를 '늘리겠다'고 응답한 비율이 '줄이겠다.', '유지하겠다.'라고 응답한 비율보다 낮은 것으로 나타났다.

16. 어떤 이동 통신 회사에서는 휴대폰의 사용 시간에 따라 매월 다음과 같은 요금 체계를 적용한다고 한다.

요금제	기본 요금	무료 통화	사용 시간(1분)당 요금
A	10,000원	0분	150원
B	20,200원	60분	120원
C	28,900원	120분	90원

예를 들어, B요금제를 사용하여 한 달 동안의 통화 시간이 80분인 경우 사용 요금은 다음과 같이 계산한다.

$$20,200 + 120 \times (80 - 60) = 22,600원$$

B요금제를 사용하는 사람이 A요금제와 C요금제를 사용할 때 보다 저렴한 요금을 내기 위한 한 달 동안의 통화 시간은 a분 초과 b분 미만이다. 이 때, $b - a$의 값은? (단, 매월 총 사용 시간은 분 단위로 계산한다.)

① 70 ② 80

③ 90 ④ 100

⑤ 110

17. 다음은 어느 공과대학의 각 학과 지원자의 비율을 나타낸 것이다. 2008년 건축공학과를 지원한 학생 수가 270명일 때 2008년 건축공학과 지원자 수는 전년 대비 몇 명 증가하였는가? (단, 2007년과 2008년의 공과대학 전체 지원자 수는 같았다)

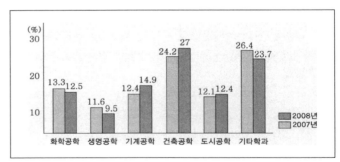

① 28명 ② 21명

③ 14명 ④ 7명

⑤ 0명

18. 다음은 글로벌 금융위기 중 세계 주요국의 실물경제 현황을 나타낸 표이다. 표에 대한 설명으로 옳지 않은 것은?

(단위 : %)

| 국가 | 구분 | 2008년 | | 2009년 | | | | |
		연간	3/4	4/4	연간	1/4	2/4	3/4	4/4
미국	GDP	0.4	-2.7	-5.4	-2.4	-6.4	-0.7	2.2	5.9
	산업생산	-2.2	-9.0	-13.0	-9.7	-19.0	-10.3	5.6	7.0
	소매판매	-0.7	-1.5	-6.6	-6.0	-1.4	-0.3	1.6	1.9
유로지역	GDP	0.7	-1.4	-7.0	-4.1	-9.4	-0.6	1.5	0.5
	산업생산	-0.8	-0.6	-0.8	-14.9	-0.9	-0.4	-0.5	0.2
	수출	3.7	0.2	-8.3	-18.2	-15.0	-0.4	3.2	5.3
일본	GDP	-0.7	-3.9	-13.9	-5.0	-11.9	2.7	1.3	4.6
	광공업생산	-3.4	-3.2	-11.3	-22.4	-22.1	8.3	7.4	4.6
	수출	-3.5	-3.9	-20.0	-33.1	-24.4	6.8	3.2	13.2
중국	GDP	9.0	9.0	6.8	8.7	6.1	7.9	8.9	10.7
	산업생산	12.9	13.0	6.4	11.0	5.1	9.0	12.3	17.9
	수출	17.2	23.0	4.3	-15.9	-19.7	-23.5	-20.3	0.1

① 중국은 다른 나라와는 달리 2008년 3분기부터 2009년 4분기까지 GDP 성장률이 꾸준히 상승하였다.

② 미국의 GDP 성장률은 2008년 3분기부터 2009년 1분기까지 3분기 연속 하락하였다.

③ 위의 자료에서 2009년 GDP가 꾸준히 증가한 국가는 미국과 중국뿐이다.

④ 일본을 제외한 나머지 국가들은 2008년 연간 GDP 성장률이 조금이나마 플러스 성장하였다.

⑤ 유로지역의 수출은 2009년 3분기부터 다시 플러스 성장으로 전환하였다.

19. 다음은 N은행에서 투자를 검토하고 있는 사업평가 자료인데, 직원의 실수로 일부가 훼손되었다. 다음 중 (가), (나), (다), (라)에 들어갈 수 있는 수치는? (단, 인건비와 재료비 이외의 투입요소는 없다)

구분	목표량	인건비	재료비	산출량	효과성 순위	효율성 순위
A	(가)	200	50	500	3	2
B	1,000	(나)	200	1,500	2	1
C	1,500	1,200	(다)	3,000	1	3
D	1,000	300	500	(라)	4	4

※ 효율성 = 산출 / 투입
※ 효과성 = 산출 / 목표

    (가)   (나)   (다)   (라)

① 300   500   800   800

② 500   800   300   800

③ 800   500   300   300

④ 500   300   800   800

⑤ 800   800   300   500

20. 다음 〈표〉는 1997년도부터 2007년도까지 주식시장의 현황을 나타낸 자료이다. 이를 바탕으로 작성한 그래프 중 옳지 않은 것은?

연도	주가지수	수익률 (%)	종목수 (종목)	주식수 (억주)	시가총액 (조원)	거래량 (억주)	거래대금 (조 원)	거래건수 (백만건)
1997	376	–	958	90	71	121	162	15
1998	562	49.5	925	114	138	285	193	33
1999	1,028	82.8	916	173	350	694	867	108
2000	505	−50.9	902	196	188	738	627	106
2001	694	37.4	884	196	256	1,164	491	90
2002	628	−9.5	861	265	259	2,091	742	111
2003	811	29.1	856	237	355	1,339	548	87
2004	896	10.5	844	234	413	929	556	83
2005	1,379	53.9	858	232	655	1,164	786	96
2006	1,434	4.0	885	250	705	689	848	107
2007	1,897	32.3	906	282	952	895	1,363	181

① 당해년도 초과수익률

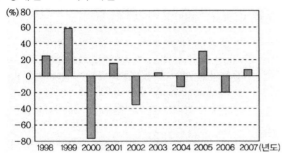

※ 1) 당해연도 초과수익률(%) = 당해연도 수익률(%) − 연평균 수익률(%)
　　2) 연평균 수익률은 23.9%

② 종목당 평균 주식수

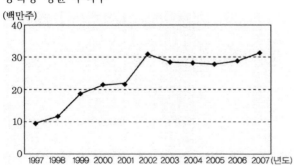

※ 종목당 평균 주식수 = $\dfrac{주식수}{종목수}$

③ 시가총액회전율과 주가지수의 관계

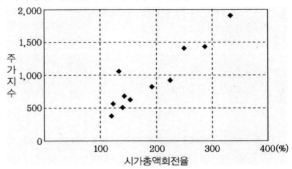

※ 시가총액회전율(%) = $\dfrac{거래대금}{시가총액} \times 100$

④ 1거래당 거래량

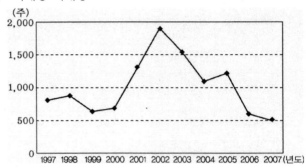

※ 1거래당 거래량 = $\dfrac{거래량}{거래건수}$

⑤ 주식 1주당 평균가격

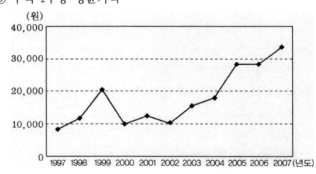

※ 주식 1주당 평균가격 = $\dfrac{시가총액}{주식수}$

21. A와 B가 다음과 같은 규칙으로 게임을 하였다. 규칙을 참고할 때, 두 사람 중 점수가 낮은 사람은 몇 점인가?

> • 이긴 사람은 4점, 진 사람은 2점의 점수를 얻는다.
> • 두 사람의 게임은 모두 20회 진행되었다.
> • 20회의 게임 후 두 사람의 점수 차이는 12점이었다.

① 50점 ② 52점
③ 54점 ④ 56점
⑤ 58점

22. 다음은 N은행에서 판매하는 일부 금융상품의 대출대상을 나타낸 표이다. 보기에 나와 있는 경수에게 적당한 상품은 무엇인가?

상품명	대출대상
우수고객 인터넷 무보증 신용대출	N은행 PB고객 및 가족 고객
예·적금/신탁 담보대출	N은행 인터넷뱅킹 가입자로서 본인 명의의 예·적금/신탁을 담보로 인터넷뱅킹 상에서 대출을 받고자 하는 고객
신나는 직장인 대출	공무원, 사립학교 교직원, 당행이 선정한 우량기업에 3개월 이상 정규직으로 재직 중인 급여소득자. 단, 당행 여신취급제한자 제외
N 튼튼 직장인 대출	• N은행에서 선정한 대기업, 중견기업, 금융기관 등에 6개월 이상 재직하고 있는 고객 • 연간 소득 3천만 원 이상인 고객 (단, N은행의 여신취급제한자에 해당하는 고객은 제외됨)
샐러리맨 우대대출	• 일반기업체에 정규직 급여소득자로 1년 이상 재직하고 있는 고객. 단, 사업주 및 법인대표자 제외 • 연간 소득이 2,000만 원 이상인 고객

〈보기〉
경수는 인공지능을 연구하는 조그마한 회사에 다니는 직장인으로 어느 덧 회사에 정규직으로 입사한 지 1년 6개월이 되었다. 그가 다니는 회사는 이제 막 성장한 소규모 회사로 그는 현재 대기업에 입사한 친구들보다 훨씬 적은 연봉 2,400만 원을 받고 있다.

① 우수고객 인터넷 무보증 신용대출
② 예·적금/신탁 담보대출
③ 신나는 직장인 대출
④ N 튼튼 직장인 대출
⑤ 샐러리맨 우대대출

|23~24| 다음은 N은행에서 실시하고 있는 해외송금서비스에 대한 상품설명서 중 거래조건에 관한 내용이다. 물음에 답하시오.

〈거래조건〉

구분	내용		
가입대상	당행을 거래외국환은행으로 지정한 실명의 개인(외국인 포함)		
송금항목 및 송금한도	송금항목	건당 한도	연간 한도
	거주자 지급증빙서류 미제출 송금	3만 불	5만 불
	유학생 또는 해외체재비 송금	5만 불	제한 없음
	외국인(비거주자) 국내 보수 송금 등	3만 불	5만 불 또는 한도등록금액 이내
인출계좌	원화 입출식 보통예금(해외송금전용통장)		
처리기준	송금처리일	영업일	비영업일
	출금시간	10시, 12시, 14시, 16시, 19시	익영업일 10시
	출금금액	• 각 처리시간 송금전용통장의 잔액 전체(송금액과 수수료를 합한 금액을 출금) • 송금전용통장에 잔액이 10만 원 미만인 경우 송금 불가	
	적용환율	출금 당시 당행 고시 전신환매도율	
	* 매 영업일 19시 출금 건에 대한 송금처리는 익영업일 10시에 처리됨		
기타	• 건당 한도 초과 입금 시에는 한도금액 이내로 송금되며 초과 입금분은 다음 처리 시간에 잔액에 합산하여 해외송금 처리 • 송금전용계좌 지급정지 및 압류, 송금한도초과, 송금정보 오류 시 송금불가		

23. 경진은 유학차 외국에 나가있는 아들을 위해 용돈을 보내주려고 한다. 위의 해외송금서비스를 이용할 경우 그녀는 건당 최대 얼마까지 보낼 수 있는가? (단, 화폐 단위는 만 불이다)

① 1만 불

② 2만 불

③ 3만 불

④ 5만 불

⑤ 제한 없음

24. 경진은 4월 9일 토요일에 외국으로 유학을 간 아들에게 용돈을 보내주기 위해 돈을 송금하려고 했지만 집안 일로 인해 19시가 되어서야 겨우 송금을 할 수 있었다. 이 경우 경진의 송금액은 언제 출금되는가?

① 4월 9일 19시

② 4월 10일 10시

③ 4월 10일 12시

④ 4월 10일 19시

⑤ 4월 11일 10시

25. A, B, C, D, E 다섯 명 중 출장을 가는 사람이 있다. 출장을 가는 사람은 반드시 참을 말하고, 출장에 가지 않는 사람은 반드시 거짓을 말한다. 다음과 같이 각자 말했을 때 항상 참인 것은?

- A : E가 출장을 가지 않는다면, D는 출장을 간다.
- B : D가 출장을 가지 않는다면, A는 출장을 간다.
- C : A는 출장을 가지 않는다.
- D : 2명 이상이 출장을 간다.
- E : C가 출장을 간다면 A도 출장을 간다.

① 최소 1명, 최대 3명이 출장을 간다.

② C는 출장을 간다.

③ E는 출장을 가지 않는다.

④ A와 C는 같이 출장을 가거나, 둘 다 출장을 가지 않는다.

⑤ A가 출장을 가면 B도 출장을 간다.

26. 빵, 케이크, 마카롱, 쿠키를 판매하고 있는 달콤 베이커리 프랜차이즈에서 최근 각 지점 제품을 섭취하고 복숭아 알레르기가 발생했다는 민원이 제기되었다. 해당 제품에는 모두 복숭아가 들어가지 않지만, 복숭아를 사용한 제품과 인접 시설에서 제조하고 있다. 아래의 사례를 참고할 때 다음 중 반드시 거짓인 경우는?

- 복숭아 알레르기 유발 원인이 된 제품은 빵, 케이크, 마카롱, 쿠키 중 하나이다.
- 각 지점에서 복숭아 알레르기가 있는 손님이 섭취한 제품과 알레르기 유무는 아래와 같다.

광화문점	빵과 케이크를 먹고 마카롱과 쿠키를 먹지 않은 경우, 알레르기가 발생했다.
종로점	빵과 마카롱을 먹고 케이크와 쿠키를 먹지 않은 경우, 알레르기가 발생하지 않았다.
대학로점	빵과 쿠키를 먹고 케이크와 마카롱을 먹지 않은 경우 알레르기가 발생했다.
홍대점	케이크와 마카롱을 먹고 빵과 쿠키를 먹지 않은 경우 알레르기가 발생했다.
상암점	케이크와 쿠키를 먹고 빵과 마카롱을 먹지 않은 경우 알레르기가 발생하지 않았다.
강남점	마카롱과 쿠키를 먹고 빵과 케이크를 먹지 않은 경우 알레르기가 발생하지 않았다.

① 광화문점, 종로점, 홍대점의 사례만을 고려하면 케이크가 알레르기의 원인이다.

② 광화문점, 대학로점, 상암점의 사례만을 고려하면, 빵이 알레르기의 원인이다.

③ 종로점, 홍대점, 강남점의 사례만을 고려하면, 케이크가 알레르기의 원인이다.

④ 대학로점, 홍대점, 강남점의 사례만을 고려하면, 마카롱이 알레르기의 원인이다.

⑤ 대학로점, 상암점, 강남점의 사례만을 고려하면, 빵이 알레르기의 원인이다.

27. 다음 표준 임대차 계약서의 일부를 보고 추론할 수 없는 내용은 어느 것인가?

[임대차계약서 계약조항]
제1조[보증금] 을(乙)은 상기 표시 부동산의 임대차보증금 및 차임(월세)을 다음과 같이 지불하기로 한다.
• 보증금 : 금○○원으로 한다.
• 계약금 : 금○○원은 계약 시에 지불한다.
• 중도금 : 금○○원은 2017년 ○월 ○일에 지불한다.
• 잔 금 : 금○○원은 건물명도와 동시에 지불한다.
• 차임(월세): 금○○원은 매월 말일에 지불한다.
제4조[구조변경, 전대 등의 제한] 을(乙)은 갑(甲)의 동의 없이 상기 표시 부동산의 용도나 구조 등의 변경, 전대, 양도, 담보제공 등 임대차 목적 외에 사용할 수 없다.
제5조[계약의 해제] 을(乙)이 갑(甲)에게 중도금(중도금 약정이 없는 경우에는 잔금)을 지불하기 전까지는 본 계약을 해제할 수 있는 바, 갑(甲)이 해약할 경우에는 계약금의 2배액을 상환하며 을(乙)이 해약할 경우에는 계약금을 포기하는 것으로 한다.
제6조[원상회복의무] 을(乙)은 존속기간의 만료, 합의 해지 및 기타 해지사유가 발생하면 즉시 원상회복하여야 한다.

① 중도금 약정 없이 계약이 진행될 수도 있다.
② 부동산의 용도를 변경하려면 갑(甲)의 동의가 필요하다.
③ 을(乙)은 계약금, 중도금, 보증금의 순서대로 임대보증금을 지불해야 한다.
④ 중도금 혹은 잔금을 지불하기 전까지만 계약을 해제할 수 있다.
⑤ 원상회복에 대한 의무는 을(乙)에게만 생길 수 있다.

28. 다음에 제시된 세 개의 명제가 참이라고 할 때, 결론 A, B에 대한 판단으로 알맞은 것은?

명제 1. 강 사원이 외출 중이면 윤 사원도 외출 중이다.
명제 2. 윤 사원이 외출 중이 아니면 박 사원도 외출 중이 아니다.
명제 3. 박 사원이 외출 중이 아니면 강 사원도 외출 중이 아니다.

결론 A. 윤 사원이 외출 중이 아니면 강 사원도 외출 중이 아니다.
결론 B. 박 사원이 외출 중이면 윤 사원도 외출 중이다.

① A만 옳다.
② B만 옳다.
③ A, B 모두 옳다.
④ A, B 모두 옳지 않다.
⑤ 옳은지 그른지 알 수 없다.

29. 다음 패스워드 생성규칙에 대한 글을 참고할 때, 권장규칙에 따른 가장 적절한 패스워드로 볼 수 있는 것은?

패스워드를 설정할 때에는 한국인터넷진흥원의 『암호이용안내서』의 패스워드 생성규칙을 적용하는 것이 안전하다. 또한 패스워드 재설정/변경 시 안전하게 변경할 수 있는 규칙을 정의해서 적용해야 한다. 다음은 『암호이용안내서』의 패스워드 생성규칙에서 규정하고 있는 안전하지 않은 패스워드에 대한 사례이다.
• 패턴이 존재하는 패스워드
 - 동일한 문자의 반복
  ex) aaabbb, 123123
 - 키보드 상에서 연속한 위치에 존재하는 문자들의 집합
  ex) qwerty, asdfgh
 - 숫자가 제일 앞이나 제일 뒤에 오는 구성의 패스워드
  ex) security1, may12
• 숫자와 영단어를 서로 교차하여 구성한 형태의 패스워드
• 영문자 'O'를 숫자 '0'으로, 영문자 'i'를 숫자 '1'로 치환하는 등의 패스워드
• 특정 인물의 이름을 포함한 패스워드
 - 사용자 또는 사용자 이외의 특정 인물, 유명인, 연예인 등의 이름을 포함하는 패스워드
• 한글발음을 영문으로, 영문단어의 발음을 한글로 변형한 형태의 패스워드
 - 한글의 '사랑'을 영어 'SaRang'으로 표기, 영문자 'LOVE'의 발음을 한글 '러브'로 표기

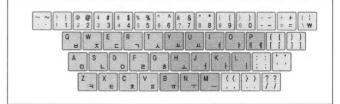

① {CVBN35!}
② jaop&*012
③ s5c6h7o8o9l0
④ B00K사랑
⑤ apl52@새95!?

30. 다음에 주어진 조건이 모두 참일 때 옳은 결론을 고르면?

- 김대리보다 큰 사람은 없다.
- 박차장이 이과장보다 크다.
- 박차장이 최부장보다는 크지 않다.

A : 이과장이 가장 작다.
B : 박차장은 세 번째로 크다.

① A만 옳다.
② B만 옳다.
③ A와 B 모두 옳다.
④ A와 B 모두 그르다.
⑤ A와 B 모두 옳은지 그른지 알 수 없다.

31. 다음은 직원들의 인사이동에 따른 4개의 지점별 직원 이동 현황을 나타낸 자료이다. 다음 자료를 참고할 때, 빈칸 ⊙, ⓒ에 들어갈 수치로 알맞은 것은 어느 것인가?

〈인사이동에 따른 지점별 직원 이동 현황〉
(단위 : 명)

이동 전 \ 이동 후	A	B	C	D
A	–	32	44	28
B	16	–	34	23
C	22	18	–	32
D	31	22	17	–

〈지점별 직원 현황〉
(단위 : 명)

지점 \ 시기	인사이동 전	인사이동 후
A	425	(⊙)
B	390	389
C	328	351
D	375	(ⓒ)

① 380, 398
② 390, 388
③ 400, 398
④ 410, 408
⑤ 420, 418

┃32~33┃ 다음 자료를 보고 이어지는 물음에 답하시오.

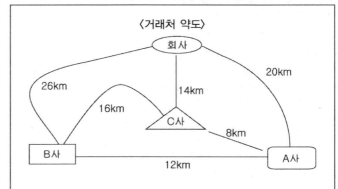

〈각 구간별 연비〉
- 회사~A사/B사/C사 : 각 10km/L(시내)
- A사~B사 : 14km/L(국도)
- B사~C사 : 8km/L(비포장도로)
- C사~A사 : 20km/L(고속도로)
※ 연료비는 1L당 1,500원으로 계산한다.

32. 최 대리는 오늘 외출을 하여 A, B, C 거래처를 방문해야 한다. 세 군데 거래처를 모두 방문하고 마지막 방문지에서 바로 퇴근을 할 예정이지만, 서류 전달을 위해 중간에 한 번은 다시 회사로 돌아왔다 가야 한다. A사를 가장 먼저 방문할 경우 최 대리의 모든 거래처 방문이 완료되는 최단 거리 이동 경로는 몇 km인가?

① 58km
② 60km
③ 64km
④ 68km
⑤ 70km

33. 위와 같은 거래처 방문 조건 하에서 최장 거리 이동 경로와 최단 거리 이동 경로의 총 사용 연료비 차액은 얼마인가?

① 3,000원
② 3,100원
③ 3,200원
④ 3,300원
⑤ 3,400원

34. 다음 표는 어떤 렌터카 회사에서 제시한 차종별 자동차 대여료이다. C동아리 학생 10명이 차량을 대여하여 9박 10일간의 전국일주를 계획하고 있다. 다음 중 가장 경제적인 차량 임대 방법을 고르면?

구분	대여 기간별 1일 요금			대여 시간별 요금	
	1～2일	3～6일	7일 이상	6시간	12시간
소형(4인승)	75,000	68,000	60,000	34,000	49,000
중형(5인승)	105,000	95,000	84,000	48,000	69,000
대형(8인승)	182,000	164,000	146,000	82,000	119,000
SUV(7인승)	152,000	137,000	122,000	69,000	99,000
승합(15인승)	165,000	149,000	132,000	75,000	108,000

① 승합차량 1대를 대여한다.

② 소형차 3대를 대여한다.

③ 중형차 2대를 대여한다.

④ 소형차 1대와 SUV 1대를 대여한다.

⑤ 중형차 1대와 대형차 1대를 대여한다.

35. 다음은 국민연금 보험료를 산정하기 위한 소득월액 산정 방법에 대한 설명이다. 다음 설명을 참고할 때, 김갑동 씨의 신고 소득월액은 얼마인가?

> 소득월액은 입사(복직) 시점에 따른 근로자간 신고 소득월액 차등이 발생하지 않도록 입사(복직) 당시 약정되어 있는 급여 항목에 대한 1년치 소득총액에 대하여 30일로 환산하여 결정하며, 다음과 같은 계산 방식을 적용한다.
> • 소득월액 = 입사(복직) 당시 지급이 약정된 각 급여 항목에 대한 1년간 소득총액 ÷ 365 × 30

> 〈김갑동 씨의 급여 내역〉
> • 기본급 : 1,000,000원
> • 교통비 : 월 100,000원
> • 고정 시간외 수당 : 월 200,000원
> • 분기별 상여금 : 기본급의 100%(1, 4, 7, 10월 지급)
> • 하계휴가비(매년 7월 지급) : 500,000원

① 1,645,660원

② 1,652,055원

③ 1,668,900원

④ 1,727,050원

⑤ 1,740,000원

36. 물적자원은 자연자원과 인공자원으로 구분된다. 이러한 물적자원을 바르게 관리하는 방법으로 볼 수 없는 것은?

① 언제 발생할지 모르는 재난 상황을 대비해 복구용 장비를 준비해 둔다.

② 희소성이 있는 자원의 향후 판매 가치를 높이기 위하여 일부 수량의 사용을 자제한다.

③ 긴급한 사용이 예상되는 물건은 개수가 부족하지 않게 충분히 구비한다.

④ 꼭 필요한 상황을 대비하여 항상 최소 물량은 확보해 둔다.

⑤ 보유 자원의 분실 및 훼손을 방지하기 위해 보관 창고 점검 횟수를 늘린다.

37. 서울시 유료 도로에 대한 자료이다. 산업용 도로 3km의 건설비는 얼마가 되는가?

분류	도로수	총길이	건설비
관광용 도로	5	30km	30억
산업용 도로	7	55km	300억
산업관광용 도로	9	198km	400억
합계	21	283km	730억

① 약 5.5억 원

② 약 11억 원

③ 약 16.5억 원

④ 약 22억 원

⑤ 약 25.5억 원

38. R사는 공작기계를 생산하는 업체이다. 이번 주 R사에서 월요일～토요일까지 생산한 공작기계가 다음과 같을 때, 월요일에 생산한 공작기계의 수량이 될 수 있는 수를 모두 더하면 얼마인가? (단, 1대도 생산하지 않은 날은 없었다.)

> • 화요일에 생산된 공작기계는 금요일에 생산된 수량의 절반이다.
> • 이 공장의 최대 하루 생산 대수는 9대이고, 이번 주에는 요일별로 생산한 공작기계의 대수가 모두 달랐다.
> • 목요일부터 토요일까지 생산한 공작기계는 모두 15대이다.
> • 수요일에는 9대의 공작기계가 생산되었고, 목요일에는 이보다 1대가 적은 공작기계가 생산되었다.
> • 월요일과 토요일에 생산된 공작기계를 합하면 10대가 넘는다.

① 10

② 11

③ 12

④ 13

⑤ 14

39. 서원이는 2018년 1월 전액 현금으로만 다음 표와 같이 지출하였다. 만약 서원이가 2018년 1월에 A～C 신용카드 중 하나만을 발급받아 할인 전 금액이 표와 동일하도록 그 카드로만 지출하였다면 신용카드별 할인혜택에 근거한 할인 후 예상청구액이 가장 적은 카드부터 순서대로 바르게 나열한 것은?

〈표〉 2018년 1월 지출내역

(단위 : 만 원)

분류	세부항목		금액	합계
교통비	버스·지하철 요금		8	20
	택시 요금		2	
	KTX 요금		10	
식비	외식비	평일	10	30
		주말	5	
	카페 지출액		5	
	식료품 구입비	대형마트	5	
		재래시장	5	
의류구입비	온라인		15	30
	오프라인		15	
여가 및 자기계발비	영화관람료(1만원/회×2회)		2	30
	도서구입비 (2만원/권×1권, 1만5천원/권×2권, 1만원/권×3권)		8	
	학원 수강료		20	

〈신용카드별 할인혜택〉

○ A 신용카드
• 버스, 지하철, KTX 요금 20% 할인(단, 할인액의 한도는 월 2만원)
• 외식비 주말 결제액 5% 할인
• 학원 수강료 15% 할인
• 최대 총 할인한도액은 없음
• 연회비 1만 5천 원이 발급 시 부과되어 합산됨

○ B 신용카드
• 버스, 지하철, KTX 요금 10% 할인(단, 할인액의 한도는 월 1만원)
• 온라인 의류구입비 10% 할인
• 도서구입비 권당 3천 원 할인(단, 권당 가격이 1만 2천 원 이상인 경우에만 적용)
• 최대 총 할인한도액은 월 3만 원
• 연회비 없음

○ C 신용카드
• 버스, 지하철, 택시 요금 10% 할인(단, 할인액의 한도는 월 1만 원)
• 카페 지출액 10% 할인
• 재래시장 식료품 구입비 10% 할인
• 영화관람료 회당 2천원 할인(월 최대 2회)
• 최대 총 할인한도액은 월 4만 원
• 연회비 없음

※ 할부나 부분청구는 없으며, A～C 신용카드는 매달 1일부터 말일까지의 사용분에 대하여 익월 청구됨

① A - B - C
② A - C - B
③ B - A - C
④ B - C - A
⑤ C - A - B

40. 甲은 乙로부터 5차에 걸쳐 총 7천만 원을 빌렸으나, 자금 형편상 갚지 못하고 있다가 2010년 2월 5일 1천만 원을 갚았다. 다음 〈조건〉을 근거로 판단할 때, 〈甲의 채무현황〉에서 2010년 2월 5일에 전부 또는 일부가 소멸된 채무는? (다만 연체 이자와 그 밖의 다른 조건은 고려하지 않는다)

• 채무 중에 상환하기로 약정한 날짜(이행기)가 도래한 것과 도래하지 아니한 것이 있으면, 이행기가 도래한 채무가 변제로 먼저 소멸한다.
• 이행기가 도래한(또는 도래하지 않은) 채무 간에는 이자가 없는 채무보다 이자가 있는 채무, 저이율의 채무보다는 고이율의 채무가 변제로 먼저 소멸한다.
• 이율이 같은 경우, 이행기가 먼저 도래한 채무나 도래할 채무가 변제로 먼저 소멸한다.

〈甲의 채무현황〉

구분	이행기	이율	채무액
① A	2009. 11. 10.	0%	1천만 원
② B	2009. 12. 10.	20%	1천만 원
③ C	2010. 1. 10.	15%	1천만 원
④ D	2010. 1. 30.	20%	2천만 원
⑤ E	2010. 3. 30.	15%	2천만 원

RE – 10 – CNB – 2A – 1501	TE – 34 – CNA – 2A – 1501	WA – 71 – CNA – 3A – 1501
RE – 10 – CNB – 2A – 1409	TE – 36 – KRB – 2B – 1512	WA – 71 – CNA – 3A – 1506
RE – 11 – CNB – 2C – 1503	TE – 36 – KRB – 2B – 1405	WA – 71 – CNA – 3A – 1503
RE – 16 – CNA – 1A – 1402	TE – 36 – KRB – 2B – 1502	CO – 81 – KRB – 1A – 1509
RE – 16 – CNA – 1A – 1406	TE – 36 – KRB – 2C – 1503	CO – 81 – KRB – 1A – 1412
RE – 16 – CNA – 1C – 1508	AI – 52 – CNA – 3C – 1509	CO – 83 – KRA – 1A – 1410
TE – 32 – CNB – 3B – 1506	AI – 52 – CNA – 3C – 1508	CO – 83 – KRA – 1B – 1407
TE – 32 – CNB – 3B – 1505	AI – 58 – CNB – 1A – 1412	CO – 83 – KRC – 1C – 1509
TE – 32 – CNB – 3C – 1412	AI – 58 – CNB – 1C – 1410	CO – 83 – KRC – 1C – 1510
TE – 34 – CNA – 2A – 1408	AI – 58 – CNB – 1C – 1412	CO – 83 – KRC – 1C – 1412

〈코드부여방식〉
[제품 종류] – [모델 번호] – [생산 국가/도시] – [공장과 라인] – [제조연월]

〈예시〉
WA – 16 – CNA – 2B – 1501
2015년 1월에 중국 후이저우 2공장 B라인에서 생산된 세탁기 16번 모델

제품 종류 코드	제품 종류	생산 국가/도시 코드	생산 국가/도시
RE	냉장고	KRA	한국/창원
TE	TV	KRB	한국/청주
AI	에어컨	KRC	한국/구미
WA	세탁기	CNA	중국/후이저우
CO	노트북	CNB	중국/옌타이

41. 오늘 입고된 제품의 목록에 대한 설명으로 옳은 것은?

① 제품 종류와 모델 번호가 같은 제품은 모두 같은 도시에서 생산되었다.
② 15년에 생산된 제품보다 14년에 생산된 제품이 더 많다.
③ TV는 모두 중국에서 생산되었다.
④ 노트북은 2개의 모델만 입고되었다.
⑤ 한국에서 생산된 제품이 중국에서 생산된 제품보다 많다.

42. 중국 옌타이 제1공장의 C라인에서 생산된 제품들이 모두 부품결함으로 인한 불량품이었다. 영업점에서 반품해야 하는 제품은 총 몇 개인가?

① 1개 ② 2개
③ 3개 ④ 4개
⑤ 5개

43. 다음 워크시트에서 [A1:B2] 영역을 선택한 후 채우기 핸들을 사용하여 드래그 했을 때 [A6:B6]영역 값으로 바르게 짝지은 것은?

	A	B
1	1	월요일
2	4	수요일
3		
4		
5		
6		

	A6	B6
①	15	목요일
②	16	목요일
③	15	수요일
④	16	수요일
⑤	17	목요일

44. 다음 글에서 알 수 있는 '정보'의 특징으로 적절하지 않은 것은?

천연가스 도매요금이 인상될 것이라는 전망과 그 예측에 관한 정보는 가스사업자에게나 유용한 것이지 일반 대중에게 직접적인 영향을 주는 정보는 아니다. 관련된 일을 하거나 특별한 이유가 있어서 찾아보는 경우를 제외하면 이러한 정보에 관심을 갖게 되는 사람들이 있을까?

① 우리가 필요로 하는 정보의 가치는 여러 가지 상황에 따라서 아주 달라질 수 있다.

② 정보의 가치는 우리의 요구, 사용 목적, 그것이 활용되는 시기와 장소에 따라서 다르게 평가된다.

③ 정보는 비공개 정보보다는 반공개 정보가, 반공개 정보보다는 공개 정보가 더 큰 가치를 가질 수 있다.

④ 원하는 때에 제공되지 못하는 정보는 정보로서의 가치가 없어지게 될 것이다.

⑤ 비공개 정보는 정보의 활용이라는 면에서 경제성이 떨어지고, 공개 정보는 경쟁성이 떨어지게 된다.

45. 다음의 워크시트에서 2학년의 평균점수를 구하고자 할 때 [F5] 셀에 입력할 수식으로 옳은 것은?

	A	B	C	D	E	F
1	이름	학년	점수			
2	윤성희	1학년	100			
3	이지연	2학년	95			
4	유준호	3학년	80		학년	평균점수
5	송민기	2학년	80		2학년	
6	유시준	1학년	100			
7	임정순	4학년	85			
8	김정기	2학년	95			
9	신길동	4학년	80			

① =DAVERAGE(A1:C9, 3, E4:E5)

② =DAVERAGE(A1:C9, 2, E4:E5)

③ =DAVERAGE(A1:C9, 3, E4:E4)

④ =DMAX(A1:C9, 3, E4:E5)

⑤ =DMAX(A1:C9, 2, E4:E5)

46. 다음 워크시트는 학생들의 수리영역 성적을 토대로 순위를 매긴 것이다. 다음 중 [C2] 셀의 수식으로 옳은 것은?

	A	B	C
1		수리영역	순위
2	이순자	80	3
3	이준영	95	2
4	정소이	50	7
5	금나라	65	6
6	윤민준	70	5
7	도성민	75	4
8	최지애	100	1

① =RANK(B2, $B$2:$B$8)

② =RANK(B2, $B$2:$B$8, 1)

③ =RANK(C2, $B$2:$B$8)

④ =RANK(C2, $B$2:$B$8, 0)

⑤ =RANK(C2, $B$2:$B$8, 1)

47. 다음 시트에서 수식 '=COUNTIFS(B2:B12, B3, D2:D12, D2)'의 결과 값은?

	A	B	C	D
1	성명	소속	근무연수	직급
2	윤한성	영업팀	3	대리
3	김영수	편집팀	4	대리
4	이준석	전산팀	1	사원
5	강석현	총무팀	5	과장
6	이진수	편집팀	3	대리
7	이하나	편집팀	10	팀장
8	전아미	영상팀	5	과장
9	임세미	편집팀	1	사원
10	김강우	영업팀	7	팀장
11	이동진	영업팀	1	사원
12	김현수	편집팀	4	대리
13				

① 1

② 2

③ 3

④ 4

⑤ 5

48. T회사에서 근무하고 있는 N씨는 엑셀을 이용하여 작업을 하고자 한다. 엑셀에서 바로 가기 키에 대한 설명이 다음과 같을 때 괄호 안에 들어갈 내용으로 알맞은 것은?

> 통합 문서 내에서 (㉠) 키는 다음 워크시트로 이동하고 (㉡) 키는 이전 워크시트로 이동한다.

	㉠	㉡
①	〈Ctrl〉+〈Page Down〉	〈Ctrl〉+〈Page Up〉
②	〈Shift〉+〈Page Down〉	〈Shift〉+〈Page Up〉
③	〈Tab〉+←	〈Tab〉+→
④	〈Alt〉+〈Shift〉+↑	〈Alt〉+〈Shift〉+↓
⑤	〈Ctrl〉+〈Alt〉+〈Page Down〉	〈Ctrl〉+〈Alt〉+〈Page Up〉

49. 다음 순서도에서 인쇄되는 S의 값은? (단, $[x]$는 x보다 크지 않은 최대의 정수이다)

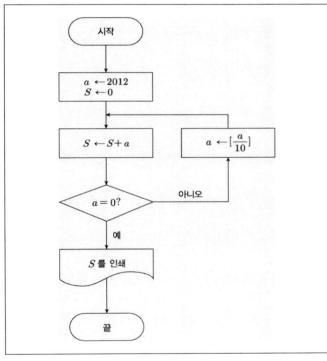

① 2230   ② 2235
③ 2240   ④ 2245
⑤ 2250

50. 다음은 정보 분석 절차를 도식화한 것이다. 이를 참고할 때, 공공기관이 새롭게 제정한 정책을 시행하기 전 설문조사를 통하여 시민의 의견을 알아보는 행위가 포함되는 것은 ㈎~㈕ 중 어느 것인가?

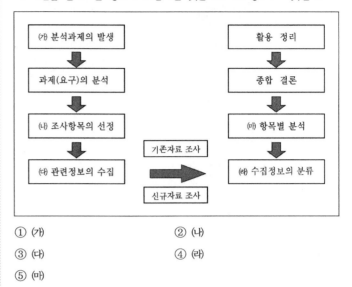

① ㈎   ② ㈏
③ ㈐   ④ ㈑
⑤ ㈒

---

02 직무상식평가

✎ [공통] 전체

1. 농협의 연도별 발자취에 대한 설명으로 옳은 것을 고르면?
① 1960년대 – 농기계 서비스 센터 설치
② 1970년대 – 농협중앙회 축산부문 분리
③ 1980년대 – 농업박물관 개관
④ 1990년대 – 농협법 개정
⑤ 2000년대 – 농산물유통 정보센터 업무 개시

2. 협동조합 7대 원칙 중 옳지 않은 것은?
① 조합원의 동의에 따라 지역사회 발전에 기여한다.
② 국내·국외 협동조합 간에 서로 협동한다.
③ 조합원의 정치 참여는 가능하다.
④ 조합원은 협동조합에 경제적 참여가 가능하다.
⑤ 조합원마다 동등한 투표권을 가진다.

3. 다음 표는 협동조합과 사회적 협동조합을 비교한 표이다. 다음 중 옳지 않은 것은?

구분	협동조합	사회적 협동조합
법인격	(영리)법인	㉠ 비영리법인
설립	㉡ 시도지사 신고	기획재정부(관계부처) 인가
사업	㉢ 업종 및 분야 제한 없음(금융 및 보험법 포함)	공익사업 40% 이상 수행
법정적립금	잉여금의 10/100 이상	잉여금의 30/100이상
배단	배당 가능	㉣ 배당 금지
청산	㉤ 정관에 따라 잔여재산 처리	비영리법인 국고 등 귀속

① ㉠
② ㉡
③ ㉢
④ ㉣
⑤ ㉤

4. 다음에서 설명하는 용어는 무엇인가?

> 비닐하우스나 유리온실, 축사 등에 ICT를 접목하여 원격·자동으로 작물과 가축의 생육환경을 적정하게 유지·관리할 수 있다. 최적의 생육환경을 조성하여 노동력·에너지·양분 등을 덜 투입하면서도 농산물의 생산성과 품질을 제고한다.

① 애그테크
② 스마트팜
③ 농지은행
④ MMA
⑤ 플랜테이션

5. 다음에서 설명하는 농업수리시설물은?

> 하천이나 하천 제방 인근으로 흐른 물이나 지하에 대량으로 고여 있는 층의 물을 이용하고자 지표면과 평행한 방향으로 다공관(표면에 구멍이 있는 관)을 설치하여 지하수를 모으는 관로로서, 지하수를 용수로 이용하기 위한 관로시설

① 집수암거
② 양수장
③ 취입보
④ 관정
⑤ 배수장

6. 다음에서 설명하는 병의 이름은?

> 우리나라에서는 1974년 왜성사과나무에서 처음 발생하였으며, Venturia Inaequalis에 의해서 발생한다. 사과나무에 나타나는 이 병은 봄에 자낭포자로 1차 전염이 되고 분생포자로 계속 감염한다.

① 검은별무늬병
② 암종병
③ 균류병
④ 붉은별무늬
⑤ 점무늬낙엽병

7. 포장재료를 이용하여 포장내부 가스농도가 자연적으로 일정 수준에 이르도록 하는 포장 방식은?

① CA저장
② MA저장
③ 저온저장
④ 고온저장
⑤ 진공포장

8. 다음이 설명하는 제도와 관련된 사업으로 옳은 것은?

> 농촌의 다양한 유·무형 자원을 활용하고 새로운 부가가치를 창출하기 위한 목적으로 농업인과 농업법인을 인증하여 핵심 경영체를 육성하는 시스템이다.

① 1차 산업
② 1.5차 산업
③ 3차 산업
④ 5차 산업
⑤ 6차 산업

9. 캐나다 온타리오주 더프린지역에서 다양한 농장을 소개하는 영상을 찍고 SNS를 통한 실시간 방송으로 추진한 사업으로 옳은 것은?

① 라이브 커머스

② 랜선 농촌관광

③ 스마트 마을회관

④ 사회적 농장

⑤ 농대 실습장 지원 사업

10. 디지털 위안화로 중국의 중앙은행에서 발행한 디지털 화폐를 의미하는 용어는?

① CBDC(Central Bank Digital Currency)

② 비트코인

③ E-크로나

④ DECP(Digital Currency Eletronic Payment)

⑤ 이더리움

11. LED의 가시광선으로 1초에 10기가바이트 속도로 데이터를 전달하는 방식을 일컫는 용어는?

① 핫 스팟

② Wi-Fi

③ 테더링

④ Li-Fi

⑤ Hi-fi

12. 스마트폰, 개인 정보 단말기, 기타 이동 전화 등을 이용한 은행 업무, 지불 업무, 티켓 업무와 같은 서비스를 하는 비즈니스 모델을 무엇이라 하는가?

① M 커머스

② C 커머스

③ U 커머스

④ E 커머스

⑤ 라이브 커머스

13. 스마트폰 시장에서 출시 주기가 짧아지면서 제품수명이 2～3개월로 단축된다는 것을 일컫는 용어는?

① 아이폰 법칙

② 한계효용 체감의 법칙

③ 황의 법칙

④ 멧칼프의 법칙

⑤ 안드로이드 법칙

14. 빅데이터의 특징에서 4V에 해당하지 않는 것은?

① Volume

② Velocity

③ Variety

④ Verify

⑤ Value

15. 다음 설명 중에서 마이데이터로 추진 중인 서비스가 아닌 것은?

① 고객의 금융정보를 관리하여 맞춤 상품을 추천한다.

② 내 집 마련이나 미래를 대비하기 위한 목표를 제공하고 금융전략을 제시한다.

③ 사회초년생의 신용점수를 높이기 위해 올바른 금융습관을 조언한다.

④ 금융사기를 방지하기 위해서 지연인출제도를 알려준다.

⑤ 연금자산의 현황을 파악하여 은퇴설계를 지원한다.

1. 다음 중 환율이 상승함으로써 수입과 수출에 미치는 영향을 바르게 나타낸 것은?

① 수출촉진, 수입억제
② 수출억제, 수입억제
③ 수출촉진, 수입촉진
④ 수출억제, 수입촉진
⑤ 수출·수입에 변화가 없다

2. 다음 중 예금자보호제도에 옳지 않은 것은?

① 뱅크런 사태를 막고자 해당 금융기관을 대신하여 예금자에게 원리금의 전부 또는 일부를 지급하는 제도이다.
② 원예금보험공사에서 주관한다.
③ 원금과 소정이자를 합하여 1인당 최대 5천만 원까지 보호되며 초과금액은 보호되지 않는다.
④ 「예금자보호법」에 따르면 우체국은 보호대상기관이다.
⑤ 「예금자보호법」에 따르면 새마을금고는 보호대상기관이 아니다.

3. 디플레이션의 영향을 순서대로 나열한 것은 무엇인가?

> ㉠ 소비위축
> ㉡ 상품가격하락
> ㉢ 채무자의 채무부담
> ㉣ 경기침체 가속
> ㉤ 생산 및 고용감소

① ㉠-㉢-㉡-㉣-㉤
② ㉠-㉣-㉡-㉤-㉢
③ ㉠-㉡-㉤-㉣-㉢
④ ㉢-㉡-㉠-㉣-㉤
⑤ ㉢-㉤-㉣-㉠-㉡

4. 다음 중 마찰적 실업을 줄이기 위한 방법 중 가장 효율적인 것은?

① 일자리 정보를 제공한다.
② 근로자의 직업교육을 확대한다.
③ 임시직을 정규직으로 전환한다.
④ 임금상승을 생산성 증대 수준 이하로 억제한다.
⑤ 노동시장의 수급상황에 대한 정보활동을 강화한다.

5. 다음 중 우리나라 GDP에 영향을 주지 않는 것은?

① 전기가스 비용
② 미국 텍사스에 위치한 국내 유명 대기업의 제조공장
③ 외국 유명 대기업의 한국지사 제조공장
④ 국내 광공업 수입
⑤ 건강보험료

6. 다음에서 설명하고 있는 가격차별의 형태로 옳은 것은?

> · 재화의 구입량에 따라 가격을 다르게 설정하는 것을 말한다.
> · 1차 가격차별보다 현실적이며 현실에서 그 예를 찾기 쉽다.
> · 전화의 사용량에 따라 그 요금의 차이가 나는 것은 이것의 예이다.

① 1차 가격차별　　　　② 2차 가격차별
③ 3차 가격차별　　　　④ 4차 가격차별
⑤ 5차 가격차별

7. 중앙은행의 역할로 옳지 않은 것은?

① 화폐 발권
② 통화안정증권 발행
③ 기준금리 결정
④ 공개시장에서의 증권매매
⑤ 서민대출

8. 화폐발행액과 지급준비예치금의 합계로 측정되며 중앙은행이 화폐발행의 독점적 권한을 통하여 공급한 통화를 무엇이라 하는가?

① 시중통화 ② 파생통화
③ 광의통화 ④ 본원통화
⑤ 협의통화

9. 수요의 가격탄력성에 영향을 주는 요인으로 옳지 않은 것은?

① 대체재의 유무(有無) ② 소비자 선호
③ 재화 경쟁 ④ 재화의 성격
⑤ 기간의 장단(長短)

10. 다음 상황으로 인해 나타날 수 있는 변화가 아닌 것은 무엇인가?

> ㉠ A는 해외 유학을 가기 위해 다니던 직장을 그만두었다.
> ㉡ 한 달 전 회사 사정으로 일자리를 잃게 된 B는 현재도 일자리를 구하는 중이다.

① ㉠의 경우 실업률은 이전보다 증가하고, 고용률은 이전보다 하락한다.
② ㉠는 취업자에서 비경제활동 인구가 되었고, ㉡는 취업자에서 실업자가 되었다.
③ ㉡의 경우 전보다 실업률은 하락하고, 고용률은 상승한다.
④ 경제활동 인구수는 취업자 수와 실업자 수의 합과 같다.
⑤ 경제활동 참가율은 ㉠의 경우 하락하지만, ㉡의 경우 이전과 동일하다.

11. 다음이 설명하는 M&A 방식은?

> 인수 대상 기업의 최고경영자가 임기 전 사임하게 될 경우 일정 기간 보수와 보너스 등을 받을 권리를 사전에 고용계약에 기재하여 안정성 확보 및 기업 인수 비용을 높이는 방법이다.

① 황금낙하산 ② 포이즌 필
③ 곰의 포옹 ④ 공개매수
⑤ 그린메일

12. 다음 중 ELS의 특징에 대한 설명으로 틀린 것은?

① 주가나 지수변동에 민감하다.
② 투자자는 만기 시, 원금 외 수익을 지급받을 수 있다.
③ 주가의 변동에 따라 수익률의 상한과 하한을 둔다.
④ 기존 주식에 비해 복잡한 구조이며 유가증권시장에 상장되지 않는다.
⑤ 유동성이 낮고 발행증권사의 신용리스크에 노출된다.

13. 주식 시장 이상현상을 의미하는 것이 아닌 것은?

① 다른 달에 비해서 1월에 주가 상승률이 높다.
② PER가 높은 기업이 PER가 낮은 기업보다 수익률이 높다.
③ 6~7월 초여름에 주식 상승률이 좋다.
④ 새로운 정부의 출연으로 주가지수가 상승한다.
⑤ 월요일의 수익률이 다른 요일의 수익률에 비해 낮다.

14. 칼도어의 경제성장이론에서 정형화된 사실들로 옳지 않은 것은?

① 실질이자율이 일정하게 유지된다.
② 1인당 자본량이 일정비율로 증가한다.
③ 노동의 소득비율은 일정비율로 증가한다.
④ 자본의 소득분배율이 일정비율로 증가한다.
⑤ 국가별 경제 성장률은 일정하다.

15. 다음 중 기업이 가격차별 할 수 있는 조건이 아닌 것은?

① 시장의 분리가 가능해야 한다.
② 기업이 독점력을 가지고 있어야 한다.
③ 각 시장에서 수요의 가격탄력성이 서로 달라야 한다.
④ 시장 간 재판매가 가능해야 한다.
⑤ 시장분리에 들어가는 비용이 가격차별의 이익보다 적어야 한다.

1. 다음 중 컴퓨터의 구조에 대한 설명으로 용어와 내용이 가장 적절하게 연결된 것은?

① CPU – 중앙처리장치로 제어장치, 연산장치, 기억장치, 실행장치로 구성된다.
② 컴퓨터의 분류 – 하드웨어, 소프트웨어로 분류하거나 여기에 펌웨어를 추가하는 학자도 있다.
③ 제어장치 – 명령 계수기, 명령 해독기로만으로 구성되어 있으며, 명령인출단계와 실행단계만을 반복한다.
④ 기억장치 – 전자계산기에서 기억장치는 별 문제가 되지 않으며 보조기억장치의 필요성이 그다지 크지 않다.
⑤ 연산장치 – 외부데이터를 주기억장치에 입력시킨다.

2. 다음 중 프로그래밍 언어의 설계 원칙으로 옳지 않은 것은?

① 프로그래밍 언어의 개념이 분명하고 단순해야 한다.
② 신택스가 분명해야 한다.
③ 자연스럽게 응용할 수 있어야 한다.
④ 프로그램 검증을 복잡하게 다각도로 해야 한다.
⑤ 효율적으로 작성해야 한다.

3. 다음에서 설명하는 임시기억장치는?

> 1차원 배열 STACK(1:n)에 나타낼 수 있는 순서리스트 또는 선형리스트의 형태로서 가장 나중에 저장한 데이터를 먼저 꺼내는 후입선출(LIFO) 알고리즘을 갖는 주기억장치나 레지스터를 사용하는 임시기억장치를 말한다.

① 스택   ② 큐
③ 데크   ④ 트리
⑤ 카운터

4. 객체기반 언어에 해당하지 않는 것은?

① Ada   ② LISP
③ Modula – 2   ④ Smalltalk
⑤ C++

5. TCP/IP 프로토콜에 대한 설명으로 옳지 않은 것은?

① ARP(Address Resolution Protocol)는 IP주소를 물리주소로 변환해 준다.
② RARP는 호스트의 논리주소를 이용하여 물리 주소인 IP주소를 얻어 오기 위해 사용되는 프로토콜 이다.
③ TCP는 패킷 손실을 이용하여 혼잡정도를 측정하여 제어하는 기능도 있다.
④ IGMP는 인터넷 그룹 관리 프로토콜이라 하며, 멀티캐스트를 지원하는 호스트나 라우터 사이에서 멀티캐스터 그룹 유지를 위해 사용된다.
⑤ TCP는 데이터의 흐름을 관리하고 데이터가 정확한지 확인하고 IP는 데이터를 네트워크를 통해 한 장소에서 다른 장소로 옮기는 역할이다.

6. 네트워크에서 도메인이나 호스트 이름을 숫자로 된 IP주소로 해석해주는 TCP/IP 네트워크 서비스의 명칭으로 알맞은 것은?

① 라우터   ② 모블로그
③ CGI   ④ DNS
⑤ FTP

7. 정보통신망의 형태에 해당하지 않는 것은?

① 패킷형   ② 성형
③ 망형   ④ 버스형
⑤ 링형

8. ISDN의 사용자 서비스로 옳게 고른 것은?

> ㉠ 교환서비스
> ㉡ 베어러 서비스
> ㉢ 부가서비스
> ㉣ 텔레 서비스

① ㉠, ㉡
② ㉠, ㉢, ㉣
③ ㉡, ㉢
④ ㉡, ㉢, ㉣
⑤ ㉢, ㉣

9. 128비트의 주소체계를 가진 인터넷 프로토콜(IP) 버전 6의 줄임말로 유니캐스트, 애니캐스트, 멀티캐스트 등의 주소유형을 가진것을 무엇이라 하는가?

① DMA   ② DNS

③ UDP   ④ IPv6

⑤ HDLC

10. 다음 중 진공관을 주요소자로 사용한 최초의 전자계산기는?

① EDSAC   ② PCS

③ ENIAC   ④ IBM 701

⑤ UNIVAC−1

11. 동일 빌딩 또는 구내, 기업 내의 비교적 좁은 지역에 분산 배치된 각종 단말장치는?

① WAN   ② LAN

③ MAN   ④ VAN

⑤ ISDN

12. 잔고가 100,000원에서 3,000,000원 사이인 고객계좌 테이블에서 고객들의 등급을 '우대고객'으로 변경하고자 〈보기〉와 같은 SQL 문을 작성하였다. ㉠과 ㉡의 내용으로 옳은 것은?

〈보기〉
UPDATE 고객계좌
(㉠) 등급 = '우대고객'
WHERE 잔고 (㉡) 100000 AND 3000000

	㉠	㉡
①	SET	IN
②	SET	BETWEEN
③	VALUES	AND
④	VALUES	BETWEEN
⑤	VALUES	IN

13. JAVA 프로그램의 실행 결과로 옳은 것은?

```
class Test {
    public static void main(String[] args) {
        int a = 101:
        System.out.println((a>>2) << 3):
    }
}
```

① 0   ② 200

③ 404   ④ 600

⑤ 705

14. 〈보기〉는 공개키 암호 방식을 전자 서명(Digital Signature)에 적용하여 A가 B에게 메시지를 전송하는 과정에 대한 설명이다. ㉠, ㉡에 들어갈 내용으로 옳은 것은?

〈보기〉
• A와 B는 개인키와 공개키 쌍을 각각 생성한다.
• A는 (㉠)를 사용하여 암호화한 메시지를 B에게 전송한다.
• B는 (㉡)를 사용하여 수신된 메시지를 해독한다.

	㉠	㉡
①	A의 개인키	A의 공개키
②	A의 개인키	B의 공개키
③	A의 공개키	B의 개인키
④	B의 공개키	B의 개인키
⑤	B의 개인키	B의 공개키

15. micro-kernel OS에 대한 설명으로 알맞은 것을 모두 고른 것은?

㉠ speedy kernel execution
㉡ adding a new service does not require modifying thte kernel
㉢ easy to port to new hardware
㉣ less message communicaation
㉤ Unix was a micro-kernel structured system

① ㉠, ㉡   ② ㉠, ㉢

③ ㉡, ㉢   ④ ㉡, ㉣

⑤ ㉣, ㉤